BEI GRIN MACHT SICH IHR WISSEN BEZAHLT

- Wir veröffentlichen Ihre Hausarbeit, Bachelor- und Masterarbeit

- Ihr eigenes eBook und Buch - weltweit in allen wichtigen Shops

- Verdienen Sie an jedem Verkauf

Jetzt bei www.GRIN.com hochladen und kostenlos publizieren

Auswirkungen der EU-DSGVO auf internationale, in Deutschland ansässige Konzerne in Bezug auf deren Zusammenarbeit mit Kunden und Dienstleistern

Andreas Aumeier

Bibliografische Information der Deutschen Nationalbibliothek:

Die Deutsche Nationalbibliothek verzeichnet diese Publikation in der Deutschen Nationalbibliografie; detaillierte bibliografische Daten sind im Internet über http://dnb.d-nb.de abrufbar.

ISBN: 9783346326713
Dieses Buch ist auch als E-Book erhältlich.

Druck und Bindung: Books on Demand GmbH, Norderstedt Germany
Gedruckt auf säurefreiem Papier aus verantwortungsvollen Quellen

Das vorliegende Werk wurde sorgfältig erarbeitet. Dennoch übernehmen Autoren und Verlag für die Richtigkeit von Angaben, Hinweisen, Links und Ratschlägen sowie eventuelle Druckfehler keine Haftung.

Das Buch bei GRIN: https://www.grin.com/document/977859

IUBH Internationale Hochschule – Fernstudium

SEMINARARBEIT

im Modul

„DLMISCT01 – Current Topics in IT-Management"

AUSWIRKUNGEN DER EU-DSGVO AUF INTERNATIONALE, IN DEUTSCHLAND ANSÄSSIGE KONZERNE IN BEZUG AUF DEREN ZUSAMMENARBEIT MIT KUNDEN UND DIENSTLEISTERN

Autor: Andreas Aumeier

Studiengang: M. Sc. Wirtschaftsinformatik

Abgabedatum: 31.12.2019

INHALTSVERZEICHNIS

ABKÜRZUNGSVERZEICHNIS

Abs.	Absatz
AEUV	Vertrag der Arbeitsweise der Europäischen Union
a. F.	alte Fassung
Art.	Artikel
BDSG	Bundesdatenschutzgesetz
bzw.	beziehungsweise
DSGVO	Datenschutzgrundverordnung (...der EU)
EG	Europäische Gemeinschaft
EU	Europäische Union
EUR	Euro
IT	Informationstechnologie
lit.	Litera / Buchstabe
Mio.	Millionen
n. F.	neue Fassung
s.	siehe
u. a.	unter anderem
z. B.	zum Beispiel

ABBILDUNGSVERZEICHNIS

1. EINLEITUNG

Die folgende Einleitung soll dem Leser[1] einen Überblick über diese Seminararbeit geben. Zunächst wird die Relevanz des Themas herausgestellt. Es folgt die Beschreibung der Ziele, die mit dieser Arbeit adressiert werden sollen und eine Abgrenzung des Themengebiets. Anschließend erfolgt die Darstellung der verwendeten Methoden zur Datensammlung und -analyse und ein Kurzüberblick über den Aufbau der folgenden Seminararbeit.

1.1. Problemanalyse und Relevanz des Themas

Im Mai 2018 war der Begriff „Datenschutz" in den Medien allgegenwärtig. In Amerika waren für europäische Websitebesucher die Inhalte nicht mehr aufrufbar, zahlreiche E-Mails mit der Bitte um die Datenfreigabe erreichten die Verbraucher und teilweise gingen Websites komplett offline. Der Grund dafür wird mit dem Inkrafttreten der EU-Datenschutzgrundverordnung (kurz: EU-DSGVO) ausgemacht.[2]

Bemerkenswert ist außerdem die Analyse des Suchbegriffes „Datenschutz" bei Google Trends. Dort wird der tatsächliche Suchbegriff in Relation zum gesamten Suchvolumen gesetzt. Dies ermöglicht einen Schluss auf das Interesse an Suchbegriffen.[3] Die folgende Abbildung zeigt das Interesse der deutschen Bevölkerung am Suchbegriff „Datenschutz" im Zeitraum von 01. Januar 2017 bis 31. Dezember 2018.

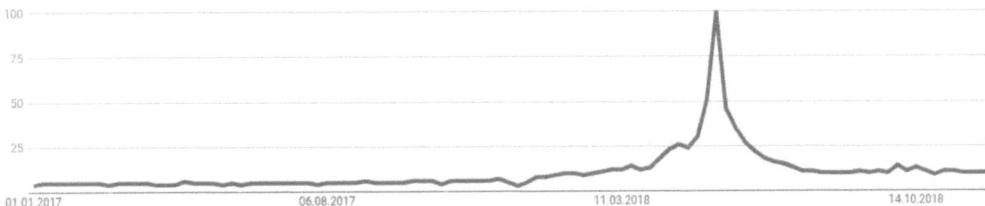

Abbildung 1: Interesse am Begriff "Datenschutz" bei Google Trends (trends.google.com, 2019)

Der rapide Anstieg dieser Kurve ist im Zeitraum Mai 2018 zu beobachten. Der Grund hierfür lässt sich wohl mit dem Inkrafttreten der EU-DSGVO zum 25. Mai 2018 ermitteln. Dies beweist erneut, dass die Themen Datenschutz und EU-DSGVO einer genaueren Betrachtung bedürfen und somit diese Seminararbeit rechtfertigen.

---

[1] Aufgrund der besseren Lesbarkeit wird in dieser Seminararbeit ausschließlich die männliche Schreibform verwendet. Es wird ausdrücklich darauf hingewiesen, dass auch die weibliche und weitere Geschlechtsformen mit eingeschlossen sind.

[2] Vgl. Schmidt, J. (2018), Holland, M. (2018)

[3] Vgl. Weck, A. (2013)

1.2. Zielsetzung dieser Seminararbeit

In dieser Seminararbeit sollen die Auswirkungen der EU-DSGVO auf deutsche, international tätige Konzerne überprüft werden. Hier soll im Detail auf die möglichen Änderungen bei der Zusammenarbeit mit Dienstleistern und Kunden eingegangen werden. Dazu ist es allerdings notwendig, auch einschlägige, allgemeingültige Regelungen der EU-DSGVO für Unternehmen zu erläutern.

1.3. Abgrenzung des Themas

Diese Arbeit versucht die sehr umfangreiche Thematik des EU-Datenschutzrechts auf die Gruppe von deutschen Konzernen einzugrenzen. Außerdem wird im Speziellen die Zusammenarbeit mit Dienstleistern und Kunden analysiert. Die Arbeit kann daher nicht als allgemeingültige Analyse der EU-DSGVO angesehen werden, da dies den Rahmen der Arbeit sprengen würde. Auch gibt diese Arbeit keine Handlungsempfehlungen für Unternehmen. Es können aufgrund der Vielzahl an Anforderungen des Datenschutzrechts auch nicht alle einschlägigen Vorschriften im Detail erläutert werden.

1.4. Datenerhebung

Die Datenerhebung in dieser Arbeit erfolgt anhand einschlägiger fachlicher Literatur. Die vorhandenen Fragestellungen sollen durch Zusammentragen und Analysieren vorhandener, fachlich fundierter Beiträge kritisch beantwortet werden.

Auf weitere Formen der Datenerhebung wie Fragebögen, Experteninterviews oder gar praktischen Analysen wird aufgrund des begrenzten Rahmens und der Aktualität des Themas verzichtet.

1.5. Aufbau dieser Seminararbeit

Diese Seminararbeit ist in vier Hauptblöcke gegliedert. Nach dieser Einleitung erfolgt eine Einführung in die Kernbegriffe dieser Arbeit, was mithilfe von Definitionen dieser erfolgen soll.

Im dritten Kapitel werden Vorüberlegungen zum Datenschutzrecht getroffen. Für das Verständnis des Themas scheint es notwendig, eine Einführung in die Historie des Datenschutzrechts zu geben und die Gründe, Ziele und Aufgaben der EU-DSGVO kurz zu beleuchten.

Das Kapitel Vier befasst sich mit den Auswirkungen auf (deutsche) Konzerne. Es werden die allgemeingültigen Vorschriften der EU-DSGVO für Unternehmen beschrieben und die Veränderungen herausgestellt. Abgeschlossen wird das Kapitel mit einer Beschreibung der spezifischen und abweichenden Regeln für Konzerne.

Im fünften Kapitel werden die Auswirkungen auf die nationale und internationale Zusammenarbeit von Konzernen mit Dienstleistern und Kunden näher beleuchtet. Hierbei wird zunächst analysiert, welche speziellen Regelungen international tätige Unternehmen im Rahmen der EU-DSGVO zu beachten haben und im Anschluss die Zusammenarbeit mit Dienstleistern und Kunden beleuchtet.

Den Abschluss dieser Arbeit bildet der Abschluss, der die gewonnenen Erkenntnisse nochmals kritisch beäugen soll und zu einem Fazit führt.

2. EINFÜHRUNG UND DEFINITIONEN

Für die folgenden Kapitel ist es notwendig, die Kernbegriffe dieser Arbeit eindeutig abzugrenzen und deren Bedeutung zu definieren. In diesem Kapitel soll deshalb jeder Kernbegriff definiert und kurz erklärt werden.

Ein *Konzern* wird im Allgemeinen definiert als Zusammenschluss mehrerer Unternehmen zu einer wirtschaftlichen Einheit. Dabei kann ein herrschendes Unternehmen (*„Mutter"*) und eines oder mehrere abhängige Unternehmen (*„Töchter"*) in der Gruppe vorhanden sein.[4] In der EU-DSGVO wird synonym der Begriff der *„Unternehmensgruppe"* verwendet, die „aus einem herrschenden Unternehmen und den von diesem abhängigen Unternehmen besteht" (Art. 4 Nr. 19 DSGVO).

Eine *EU-Richtlinie* definieren ein bestimmtes Ziel, welches zu erreichen ist. Wie dieses Ziel erreicht werden kann, ist den EU-Mitgliedern jedoch freigestellt. Dennoch *müssen* die Länder die Regeln der EU-Richtlinie in irgendeiner Form in nationales Recht überführen und die getroffenen Maßnahmen bzw. Gesetze an die Europäische Kommission mitteilen.

Eine *EU-Verordnung* hingegen gilt nach Inkrafttreten automatisch für alle EU-Länder. Sie sind somit verbindlich in allen Teilen und gelten *unmittelbar* in den Ländern, ohne dass sie zuvor in nationales Recht überführt werden müssen. Verordnungen regeln eine Vielzahl von Sachverhalten in generell-abstrakter Form. Verstößt ein Mitgliedsstaat gegen eine EU-Verordnung kann von der Europäischen Kommission oder anderen Mitgliedsstaaten Klage beim Europäischen Gerichtshof erhoben werden.[5]

Bei der *EU-Datenschutzgrundverordnung*, kurz EU-DSGVO oder DSGVO, handelt es sich um eine EU-Verordnung, die dementsprechend ab ihrem Inkrafttreten allgemeingültig für die EU-Mitgliedsstaaten ist. Sie hat den Schutz natürlicher Personen bei der Verarbeitung personenbezogener Daten zum Inhalt und beschäftigt sich somit mit dem Datenschutz, wie in den folgenden Kapiteln nochmals detaillierter beschrieben wird.

3. VORÜBERLEGUNGEN IM DATENSCHUTZRECHT

Dieses Kapitel trifft Vorüberlegungen zum Datenschutzrecht in Deutschland. Es beschreibt die historische Entwicklung dieses Rechtsgebietes und erläutert die Rechtslage vor der Einführung der EU-DSGVO.

Es folgen daraufhin zusammengefasst die Gründe für die Einführung der EU-DSGVO und die Ziele und Aufgaben, die die EU mit der Einführung dieser Datenschutzverordnung verfolgt, werden ebenfalls erläutert.

---

[4] Vgl. Berwanger, J. et. al. (2018), Firma.de (2019)

[5] Vgl JuraForum (o. J.), Europäische Kommission (o. J.)

3.1. Historische Entwicklung

Der Schutz von Daten ist seit der Frühzeit in Geheimhaltungsnormen niedergeschrieben. Beispiele sind die ärztliche Schweigepflicht, das Beichtgeheimnis oder das Briefgeheimnis. Durch die fortschreitende Technologisierung wurde der Schutzbedarf von Daten größer und personen- und situationsunabhängig. In den 1960er-Jahren wurde der Bedarf an weiteren Schutzinstrumenten erkannt und im Jahr 1970 durch das Hessische Datenschutzgesetz erstmals weltweit gesetzlich normiert. In den Folgejahren wurden auf nationaler und europäischer Ebene viele weitere Gesetze verabschiedet, so auch das Bundesdatenschutzgesetz (BDSG) im Jahre 1977.

Mit der europäischen Datenschutzkonvention im Jahr 1980 wurde Datenschutz erstmals völkerrechtlich anerkannt. Eine global gültige Rechtsnorm für Datenschutz gibt es trotz der weltweiten Verbreitung des Themas aber nicht. Lediglich in einzelnen Erklärungen wird das „Recht auf Privatheit"[6] gefordert. Die entsprechenden Erklärungen sind jedoch nicht rechtlich bindend.

Die erste verbindliche, supranationale Normierung des Datenschutzrechts trat mit der Verabschiedung des Lissaboner Vertrags Ende 2009 in Kraft. In der sogenannten *Europäischen Grundrechte-Charta* werden im achten Artikel in drei Absätzen die Datenschutzrechte der Betroffenen normiert. Zuvor war bereits im Jahr 1995 die europäische Datenschutz-Richtlinie 95/46/EG gültig.

Erweitert wurde die europäische Regelung zuletzt schließlich mit der am 27. April 2016 unterschriebenen[7] und am 24. Mai 2016[8] wirksam gewordenen EU-Datenschutzgrundverordnung, die seit dem 25. Mai 2018 direkt in den Mitgliedsstaaten der Europäischen Union anwendbar ist und somit die Richtlinie 95/46/EG ablöste.[9]

Aufgrund neuer Bedrohungen der Privatsphäre durch Zukunftstechnologien, wie z. B. dem Industrial Internet of Things, der Industrie 4.0 oder auch Blockhain, werden wohl auch in Zukunft angepasste Datenschutzrichtlinien nötig.[10]

3.2. Rechtslage vor Einführung der EU-DSGVO

Es existierten also bereits vor der Einführung der EU-DSGVO Rechtsnormen, die sich mit dem Datenschutz befassten. So waren in Deutschland bis zum 24.05.2018 die Regelungen der EU-Richtlinie 95/46/EG bzw. die Regelungen des Bundesdatenschutzgesetzes maßgebend. Wie bereits in den Definitionen erläutert wurde, war die EU-Richtlinie 95/46/EG nicht verbindlich gültig. Sie musste zunächst in nationales Recht überführt werden, was in Deutschland durch die Überarbeitung des BDSG erfolgte. In Deutschland existieren weiterhin auf Länderebene weitere Daten-

---

[6] Vgl. Utz, C. et. al. (2019, S. 700), Weichert, T. (2018, S. 1376)

[7] Vgl. Suhling, P. (2019, S. 35), EUR-Lex (o. J.)

[8] Vgl. Weichert, T. (2018, S. 1377),

[9] Vgl. Weichert, T. (2018, S. 1375ff.)

[10] Vgl. Suhling, P. (2019, S. 36)

schutzgesetze sowie einzelne, spezifische Gesetze, die den Datenschutz betreffen, wie z. B. das Gesundheitsdatenschutzgesetz in Nordrhein-Westfalen.[11]

Zwar war die Überführung der Richtlinie in nationales Recht für die Mitgliedsstaaten der EU verpflichtend, bei der Gestaltung der Rechtsgrundlagen jedoch hatten die Mitglieder freie Hand. Dementsprechend ergab sich eine heterogene Rechtsprechung innerhalb der EU und eine uneinheitliche Umsetzung der Richtlinie.[12]

3.3. Erwägungsgründe für die Einführung der EU-DSGVO

In der Einleitung der EU-DSGVO werden insgesamt 173 Erwägungsgründe beschrieben. Ein Erwägungsgrund ist im EU-Recht eine Form einer Präambel. Präambeln werden Gesetzen vorangestellt und beschreiben die Absichten und Überlegungen des folgenden Vertrags oder Gesetzes. In EU-Akten werden Hinweise auf die authentische Auslegung des Rechtsakts gegeben.[13]

Da eine Auflistung und Erklärung aller Erwägungsgründe den Rahmen dieser Arbeit deutlich sprengen würde, soll eine Konzentration auf einige wenige einschlägige Erwägungsgründe erfolgen, die für die Begründung der Notwendigkeit der EU-DSGVO herangezogen werden:

Die Erwägungsgründe (1) und (2) zielen auf das Grundrecht des Menschen auf den Schutz persönlicher Daten ab. Dies soll weiterhin unabhängig von der Staatsangehörigkeit und des Aufenthaltsorts sichergestellt sein.

Erwägungsgrund (3) beschreibt die versuchte Harmonisierung durch die Richtlinie 95/46/EG, welche durch die DSGVO abgelöst wurde. Dementsprechend ist ein Grund für die DSGVO die Reduktion der Heterogenität in der Rechtsprechung. Eine ähnliche Beschreibung ist in Erwägungsgrund (9) und (10) zu finden. Die DSGVO soll außerdem die Rechte präzisieren und Verpflichtungen schärfen, wie in Erwägungsgrund (11) beschrieben wird.

Die Erwägungsgründe (5) und (6) begründen die EU-DSGVO in einer wirtschaftlichen Betrachtungsweise. So soll die Verordnung den europäischen Wirtschaftsraum stärken und für das Zeitalter der Digitalisierung vorbereiten.

3.4. Ziele und Aufgaben der EU-DSGVO

Durch eine Prüfung der Erwägungsgründe lassen sich Ziele und Aufgaben der EU-DSGVO ableiten. Doch auch aus dem folgenden Gesetzestext der DSGVO lassen sich Ziele ableiten, die auch in dor oinschlägigen Literatur beschrieben werden.

So will die EU mit der DSGVO das Vertrauen der Bürger zurückgewinnen. Dies soll durch einen einheitlichen Rechtsrahmen für den verantwortungsbewussten Umgang mit Daten erreicht werden. Ein möglicher Baustein für den Vertrauensgewinn können hierbei die hohen Bußgelder darstellen,

---

[11] Vgl. datenschutz.org (2018)

[12] Vgl. Bundesministerium des Innern, für Bau und Heimat (o. J.)

[13] Vgl. Winter, E. (2018)

die gegen Unternehmen bei Verstößen gegen die DSGVO verhängt werden können. Dies ist auch in Erwägungsgrund (7) beschrieben.

Ein weiteres Ziel ist die Reduktion von Wettbewerbsverzerrungen. Diese sind durch die uneinheitliche Umsetzung der Richtlinie 95/46/EG auf dem europäischen Markt entstanden. Zusätzlich soll der europäische Binnenmarkt mit der Einführung der EU-DSGVO fit für das Zeitalter der Digitalisierung gemacht werden und die europäische Zusammenarbeit erleichtern.[14]

Als Hauptaufgabe der EU-DSGVO kann somit die Homogenisierung der Rechtsprechung innerhalb der EU gesehen werden. Diese Aufgabe entstand durch die Aufgabe der Verbesserung der innereuropäischen Zusammenarbeit und die technologische Weiterentwicklung, die aktualisierte Gesetzestexte erforderte.

4. AUSWIRKUNGEN DER EU-DSGVO AUF DEUTSCHE KONZERNE

Nachdem im vorherigen Kapitel ein Verständnis für die Funktion der EU-DSGVO geschaffen wurde, soll diese Theorie im folgenden Kapitel auf deutsche Konzerne adaptiert werden. Es werden allgemeingültige Vorschriften für Unternehmen beschrieben und Veränderungen durch die neue Rechtslage beleuchtet. Im letzten Abschnitt sollen dann die spezifischen Richtlinien herausgearbeitet werden, die für Konzerne gültig sind.

4.1. Allgemeingültige Vorschriften für Unternehmen

Aus den Gründen, Zielen und Aufgaben der EU-DSGVO lässt sich ableiten, dass allgemeingültige Vorschriften für alle Arten von Unternehmen existieren. Diese Vorschriften schließen somit auch die Arbeit in international tätigen Konzernen ein. Im Folgenden sollen einige einschlägige allgemeingültige Regelungen der EU-DSGVO beschrieben werden.[15]

Zunächst werden Grundsätze der Datenverarbeitung in Art. 5 DSGVO genannt, die für alle Unternehmen bindend sind. Diese geben vor, dass personenbezogene Daten z. B. nur verarbeitet werden dürfen, wenn sie für einen festgelegten Zweck verarbeitet werden. Die Daten dürfen dann auch nur für diesen Zweck verarbeitet werden (b). Weitere Grundsätze sind u. a. die Datenminimierung (c), die Richtigkeit (d) oder die Integrität und Vertraulichkeit (f) der verarbeiteten Daten (Art. 5 Abs. 1 DGVO). Unter Art. 5 Abs. 2 DSGVO ist definiert, dass der Verarbeitende die Einhaltung der unter Art 5. Abs. 1 geforderten Grundsätze nachweisen kann („Rechenschaftspflicht"). Verstößt ein Verarbeitender gegen die Grundsätze der Art. 5 DSGVO kann er gemäß Art. 83 Abs. 5 mit einer Geldbuße von bis zu 20 Mio. EUR oder 4% des weltweit erzielten Jahresumsatzes (s. 4.2. oder 4.3. dieser Seminararbeit) sanktioniert werden.

Alle Unternehmen müssen gemäß Art. 32 DSGVO die Sicherheit der Verarbeitung von Daten gemäß „des Stands der Technik [...]" gewährleisten. Außerdem muss der Verarbeitende geeignete

---

[14] Vgl. Voigt, P. / Bussche, A. (2018, S. 2ff.)
[15] Vgl. Mester, B. (2017, S. 14)

technische und organisatorische Maßnahmen für ein angemessenes Schutzniveau treffen. Gemäß Art. 33 DSGVO besteht eine Meldepflicht von Schutzverletzungen an die Aufsichtsbehörde, die „unverzüglich" und, wenn keine einschlägige Begründung für eine weitere Verspätung vorhanden ist, spätestens 72 Stunden nach Bekanntwerden erfolgen muss.

Ein weiterer, wichtiger Punkt ist Pflicht zur Datenschutz-Folgeabschätzung, die in Art. 35 DSGVO beschrieben wird. Diese muss erfolgen, wenn die Verarbeitung ein hohes Risiko für die Betroffenen zur Folge hat. Insbesondere *muss* sie erfolgen, wenn Daten automatisiert (insbesondere zum Zwecke des *Profiling*) verarbeitet werden, besondere Kategorien von Daten gemäß Art. 9 Abs. 1 oder zu strafrechtlichen Verurteilungen bzw. Straftaten (Art. 10) verarbeitet werden oder bei einer systematisch umfangreichen Überwachung des öffentlichen Raumes. In Art. 35 Abs. 7 wird beschrieben, welche Daten die Folgeabschätzung enthalten muss.

Des Weiteren müssen alle Unternehmen ein Verzeichnis ihrer Verarbeitungstätigkeiten führen (Art. 30 DSGVO). Dieses beinhaltet in Abs. 1. unter anderem die Kontaktdaten des Verantwortlichen (a), den Zweck der Verarbeitung (b), die Beschreibung der Kategorien von Personen sowie den verarbeiteten Daten (c) oder auch die Kategorien der Empfänger der Daten (d).

Im vierten Abschnitt der DSGVO wird ausführlich die Pflicht zur Benennung eines *Datenschutzbeauftragten* beschrieben. Dies ist nicht zwingend für alle Unternehmen verpflichtend, unter Art. 37 Abs. 1 wird beschrieben, wann ein Datenschutzbeauftragter *zwingend* zu bestimmen ist. Außerdem wurde durch eine Öffnungsklausel den Mitgliedsstaaten ermöglicht, spezifische Regelungen zur Benennungspflicht eines Datenschutzbeauftragten zu definieren. Davon hat auch Deutschland im BDSG n. F. Gebraucht gemacht.

4.2. Veränderungen für die Unternehmen durch die EU-DSGVO

Durch die EU-DSGVO wurden einige Änderungen im Vergleich zur früheren Rechtslage durchgeführt, wie im folgenden Abschnitt durch die Anführung einiger solcher Änderungen exemplarisch dargestellt werden soll.

Wie bereits in 4.1. kurz angeführt, wird mit der DSGVO das Grundprinzip der *Rechenschaftspflicht* eingeführt, welche in der EG-Datenschutzrichtlinie nicht ausdrücklich vorgesehen war. Die Rechenschaftspflicht ist in Art. 5. Abs. 2 DSGVO normiert und besteht aus zwei Elementen:

1) Sicherstellen der Einhaltung der DSGVO
2) Befähigung, die Einhaltung nachweisen zu können

Verantwortliche (also z. B. Unternehmen) müssen also sicherstellen, dass die Vorgaben der EU-DSGVO in ihrem Verantwortungsbereich eingehalten werden und hat zum Ziel, den Verantwortlichen für Datenschutz zu sensibilisieren, indem abstrakte Forderungen gestellt werden. Ein Beispiel ist die Forderung nach technischen und organisatorischen Maßnahmen zum Datenschutz. Das zweite Element der Rechenschaftspflicht fordert, dass Verantwortliche im Nachfragefall gegenüber der Auskunftsbehörden auskunftspflichtig sind. Sie müssen die Einhaltung der Rechtsvorschriften nachweisen können. Kann der Rechenschaftspflicht nicht nachgekommen werden, sind Bußgelder gegen den Verantwortlichen möglich.[16] Die Rechenschaftspflicht und somit auch die Pflicht nach geeigneten technischen und organisatorischen Maßnahmen trifft auch für Auftragsverarbeiter zu.[17]

Dies führt zur nächsten einschlägigen Veränderung durch die EU-DSGVO: deutlich höhere Bußgelder. Diese werden im Vergleich zur EG-Richtlinie auf europäischer Ebene festgesetzt und im Vergleich zu bisher gültigen, nationalen Bestimmungen drastisch erhöht (s. Abbildung 2).

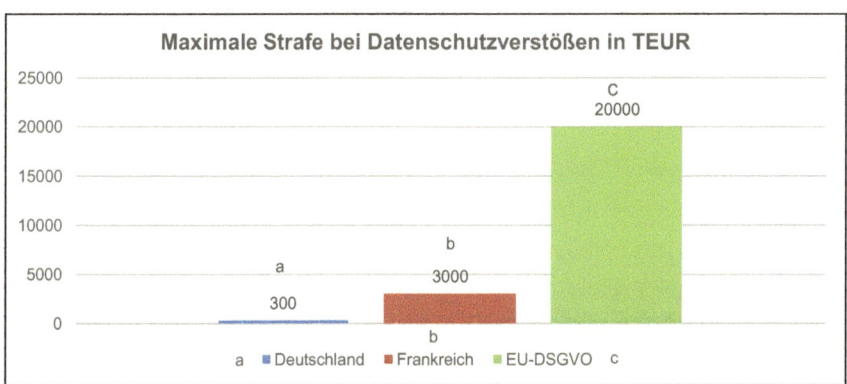

Abbildung 2: Maximale Strafe bei Datenschutzvergehen (Eigene Abbildung in Anlehnung an Voigt, P. / Bussche, A. (2018, S. 275)

Aufgrund der Befugnisse der EU ist die Bestimmung zu Bußgeldern nicht abschließend. Die grundlegenden Bestimmungen zu Sanktionen sind in Art. 83 DSGVO geregelt. Die Kompetenz zur Verhängung von Bußgeldern erfolgt durch Behörden der EU-Mitgliedsstaaten (Art. 83 Abs. 1 DSGVO). Durch eine Öffnungsklausel in Art. 84 Abs. 1. DSGVO können die Einzelstaaten zusätzliche oder andere Sanktionen erheben, die sie jedoch der EU-Kommission mitteilen müssen.[18]

Eine weitere Änderung im Vergleich zum BDSG ist die Ersetzung der bisher gültige Angemessenheitsbewertung durch das Risikobewertungsgebot. Dieses Gebot ist einschlägig in Art. 24. Abs. 1 DSGVO verankert und beschreibt, dass der Verantwortliche für die Festlegung von technischen und organisatorischen Maßnahmen unterschiedliche Risiken zu berücksichtigen und zu bewerten hat, erfährt aber in vielen weiteren Bestimmungen Beachtung.[19]

Neu in der EU-DSGVO ist außerdem das sog. Marktortprinzip. Es ersetzt das Sitz- bzw. Territorialitätsprinzip der EU-Datenschutzrichtlinie. Die EU-Richtlinie war aufgrund des Sitzprinzips nur an-

---

[16] Vgl. Voigt, P. / Bussche, A. (2018, S. 39ff.)

[17] Vgl. Mester, B. (2017, ebenda)

[18] Vgl. Voigt, P. / Bussche, A. (2018, S. 275)

[19] Vgl. Rieß, J. (2019, S. 498)

wendbar, wenn die verantwortliche Stelle Daten im Inland verarbeitete.[20] Durch die Definition des räumlichen Anwendungsbereichs in Art. 3 DSGVO findet die Verordnung Anwendung auf die Verarbeitung personenbezogener Daten, wenn diese:

(1) Von einer Niederlassung in der EU erfolgt, unabhängig davon, ob die Verarbeitung in der EU stattfindet

(2) Die Erhebung von sich in der EU befindlichen Personen durch einen nicht EU-Verantwortlichen, wenn die Datenverarbeitung im Zusammenhang mit dem Angebot von Waren oder Dienstleistungen in der EU steht (a) oder das Verhalten einer Person zu beobachten, wenn dieses in der EU erfolgt (b)

(3) Die Verarbeitung durch einen Verantwortlichen, der nicht in der EU niedergelassen ist, an einem Ort, der aufgrund des Völkerrechts dem Recht eines Mitgliedstaats der EU unterliegt

Daraus lässt sich wiederum implizieren, dass die EU-DSGVO für sämtliche Datenverarbeitungen anzuwenden ist, die entweder in der EU durchgeführt werden und/oder einen EU-Bürger betreffen.

4.3. Spezifische Besonderheiten der EU-DSGVO für Konzerne

Nachdem bereits allgemeingültige Vorschriften und Änderungen durch die EU-DSGVO beschrieben wurden, werden im Folgenden die Regelungen beschrieben, die speziell für Konzerne gelten.

In der alten Fassung des BDSG ist ein sogenanntes *Konzernprivileg* ausdrücklich nicht vorgesehen. Gemäß §3 Abs. 7 BDSG a. F. ist eine „verantwortliche Stelle *jede* Person oder Stelle, die [...] Daten [...] verarbeitet [...]". Diese Formulierung impliziert, dass jedes Konzernunternehmen für sich als *Stelle* angesehen wird und somit für die verarbeiteten Daten selbst verantwortlich ist. Bei weiterer Betrachtung des BDSG a. F. ist der Formulierung „Dritter ist jede Person oder Stelle außerhalb der verantwortlichen Stelle" (§3 Abs. 8 S. 2) zu entnehmen, dass andere Konzernmitglieder gemäß Gesetz als *Dritte* angesehen werden. Dies verkomplizierte einen Datenaustausch zwischen Konzernmitgliedern, allen voran zwischen der Mutter und den abhängigen Töchtern.

Zwar sieht auch die EU-DSGVO per Definition *keinen* Konzernprivileg vor, dennoch sind durch die Formulierungen Erleichterungen für Konzerne entstanden. So definiert die EU-DSGVO in Art. 4 Abs. 19 explizit den Begriff der *Unternehmensgruppe*. Betrachtet man jedoch den Erwägungsgrund 48 in Kombination mit Art. 6 Abs. 1 S. 1 lit. f DSGVO kann man zu dem Schluss kommen, dass in EU-DSGVO ein *Konzernprivileg* vorhanden ist. So beschreibt der Erwägungsgrund 48, dass Verantwortliche einer Unternehmensgruppe ein berechtigtes Interesse an der Datenverarbeitung innerhalb der Gruppe hätten. In Art. 6 Abs. 1. S. 1 lit. f wiederum ist rechtlich normiert, dass eine Datenverarbeitung rechtmäßig ist, wenn die Verarbeitung zur Wahrung der berechtigten Interessen des Verantwortlichen erforderlich ist. Aus dieser Änderung kann impliziert werden, dass *jede* Datenübertragung zwischen Mitgliedern der Unternehmensgruppe, die den Interessen aus

---

[20] Vgl. Schröder, C. et. al. (2018, S. 746)

Erwägungsgrund 48 entsprechen per Rechtsdefinition rechtmäßig sind. Dies erleichtert den Datenaustausch zwischen Konzernmitgliedern im Vergleich zum BDSG a. F. erheblich. Dennoch ist nochmals zu erwähnen, dass auch laut EU-DSGVO generell *jedes* Konzernmitglied als Stelle definiert ist und somit auch eigenständig für die Einhaltung der Gesetze verpflichtet ist.[21]

Eine weitere Erleichterung ergibt sich für Konzerne durch Art. 37 Abs. 2 DSGVO. Dort ist geregelt, dass eine Unternehmensgruppe einen gemeinsamen, für alle Mitglieder tätigen Datenschutzbeauftragten bestellen kann. Die Bedingung ist jedoch, dass diese Person *leicht erreichbar* von allen Niederlassungen sein muss. Dabei ist der Begriff der leichten Erreichbarkeit jedoch offengehalten. Die Mindestanforderung sollte jedoch sein, dass zumindest jedes Gruppenunternehmen und deren Mitglieder wissen, *wer* der Datenschutzbeauftragte ist und *wie* dieser erreichbar ist.[22]

Diese vermeintliche Erleichterung stellt jedoch vor allem für internationale Unternehmen wiederum eine Herausforderung dar. So muss vor der Bestellung des konzernweiten Datenschutzbeauftragten überprüft werden, ob es sprachliche und/oder kulturelle Restriktionen gibt.

Unternehmensgruppen können ebenfalls ein einheitliches Konzept zur Umsetzung der Datenschutzanforderungen an die Organisation entwickeln. Diese *Binding Corporate Rules* stellen eine Möglichkeit dar, um eine ausreichende Garantie für internationale Datentransfers herzustellen. Damit sind sie vor allem für international tätige Konzerne eine interessante Möglichkeit, den Anforderungen an die Datenschutzorganisation zu genügen. *Binding Corporate Rules* legen somit die Regelungen für Datenübermittlungen an *Gruppenmitglieder* in Drittländern fest.[23]

Eine negative Neuerung für Konzerne bringt die deutliche Erhöhung von Bußgeldern mit sich. Gemäß Art. 83 Abs. 4-6 DSGVO können je nach Schwere des Vergehens bis zu 20 Mio. EUR oder 4% des weltweit erzielten Gesamtumsatzes eines Unternehmens verhängt werden. Zwar sind einzelne Verstöße im BDSG mit geringeren Strafen vorgesehen. Da es sich bei der DSGVO jedoch um eine EU-Verordnung handelt, wird in §41 Abs. 1 BDSG n. F. explizit darauf hingewiesen, dass die Sanktionen gemäß Art. 83 DSGVO bei Verstößen anzuwenden sind. Weitere Verstöße werden durch das BDSG n. F. aufgrund der Öffnungsklausel in der EU-DSGVO zusätzlich mit Sanktionen versehen.

Die negative Auswirkung auf Konzerne ist hierbei im Unternehmensbegriff der EU-Verordnung zu sehen. Dieser wird synonym zum Unternehmensbegriff aus dem Vertrag der Arbeitsweise der Europäischen Union (AEUV) verwendet. Der dort in den Art. 101 und 102 verwendete Unternehmensbegriff stellt nach ständiger Rechtsprechung des Europäischen Gerichtshof jegliche Einheit dar, die wirtschaftliche Tätigkeiten ausübt. Dementsprechend kann ein Gesamtkonzern als Unter-

---

[21] Vgl. Dr. Datenschutz (2017), Vgl. Voigt, P. / Bussche, A. (2018, S. 178ff.), Berning, W. / Keppeler, L. (2017, S. 1030f.)

[22] Vgl. Voigt, P. / Bussche, A. (2018, S. 70)

[23] Vgl. Voigt, P. / Bussche, A. (2018, S. 166f.)

nehmen gesehen werden. Somit kann für Verstöße der gesamte Konzernumsatz zur Ermittlung der Strafe zugrunde werden.[24]

5. AUSWIRKUNGEN AUF DIE INTERNATIONALE ZUSAMMENARBEIT

Da durch die EU-DSGVO auch die internationale Zusammenarbeit deutscher Konzerne mit Dienstleistern und Kunden beeinflusst wird, soll in diesem Kapitel näher auf die Besonderheiten in diesem Gebiet eingegangen werden. Der zweite und dritte Abschnitt des Kapitels erläutert die Auswirkungen auf die Zusammenarbeit mit Dienstleistern und Kunden und gibt jeweils ein Praxisbeispiel.

5.1. Besonderheiten für internationale Unternehmen

Für internationale Unternehmen hat die DSGVO die Besonderheit, dass Datenübermittlungen in Drittländer unter besonderen Bestimmungen stehen. So wird das Auskunftsrecht von betroffenen Personen *insbesondere* bei der Übermittlung an Empfänger in Drittländern hervorgehoben (Art. 15 Abs. 1 S. 1 lit. c DSGVO). Dasselbe gilt bereits bei der Informationspflicht bei Erhebung der Daten (Art. 13 Abs. 1 S. 1 lit. f DSGVO).

Generell ist die Überprüfung der Zulässigkeit der Datenübermittlung in Drittländer ein zweistufiger Prozess. Zunächst muss überprüft werden, ob die Datenübermittlung generell zulässig ist. Dies erfolgt z. B. durch die Einwilligung des Betroffenen oder durch weitere Gründe gemäß Art. 6 DSG-VO. Bei besonders schutzwürdigen Daten gelten die Voraussetzungen nach Art. 9 DSGVO. Werden die Daten anschließend in ein Drittland übermittelt, muss geprüft werden, ob die Übermittlung dorthin zulässig ist. Für diesen Fall können verschiedene Möglichkeiten vorliegen:

- Übermittlung in ein *sicheres* Drittland: Ein sicheres Drittland ist zu definieren, als ein Land, in dem die Europäische Kommission die Datenübermittlung aufgrund eines sog. *Angemessenheitsbeschlusses* gemäß Art. 45 DSGVO genehmigt hat. Die Voraussetzung dafür ist, dass das Land ein *angemessenes Schutzniveau* bietet. Weiterhin listet Art. 45 DSGVO auf, welche Faktoren bei der Prüfung der Angemessenheit berücksichtigt werden. Die Datenübermittlung ist dann *ausdrücklich gestattet.*

- Liegt kein Angemessenheitsbeschluss vor, dürfen Daten dennoch übermittelt werden, wenn der Verantwortliche oder ein Auftragsverarbeiter geeignete Garantien vorsieht, die den Schutz der Daten sicherstellen (Art. 46 Abs. 1 DSGVO). In Art. 47 Abs. 2 DSGVO werden geeignete Garantien beschrieben, die die Datenübermittlung *ohne* besondere Genehmigung der Aufsichtsbehörde legitimieren. Dies sind z. B. ein rechtlich bindendes Dokument zwischen den Behörden (a), verbindliche interne Datenschutzvorschriften (b, siehe auch 4.3. in dieser Arbeit) oder Standardschutzklauseln, die von der Kommission erlassen werden (c).

---

[24] Vgl. InterSoft Consulting (o. J.)

- Ausnahmen für bestimmte Fälle nach Art. 49 DSGVO: Die Übermittlung in Drittländer kann auch unter bestimmten Ausnahmen erfolgen. Dies sind gemäß Abs. 1 beispielsweise die freiwillige Einwilligung (a), die Notwendigkeit aufgrund des Öffentlichen Interesses (c) oder die Übermittlung zum Schutz lebenswichtiger Interessen (d).

- Übermittlung mit Kenntnis der Aufsichtsbehörde: In Art. 49 Abs. 1 werden jedoch weitere Ausnahmen beschrieben. Daten dürfen auch dann übermittelt werden, obwohl weder ein Angemessenheitsbeschluss noch geeignete Garantien oder Ausnahmen nach Art. 49 Abs. 1 vorliegen. Dies ist jedoch nur erlaubt, wenn Daten z. B. nicht wiederholt übermittelt werden und die Übermittlung nur einen geringen Personenkreis betrifft. Eine Übermittlung in einem solchen Fall bedarf jedoch zwingend der zusätzlichen Unterrichtung des Betroffenen *und* der Aufsichtsbehörde (Art. 49 Abs. 1 DSGVO).

Für multinationale Unternehmen relevant sind außerdem die sogenannten *Öffnungsklauseln* der DSGVO. Zwar soll die DSGVO eine Vereinheitlichung der Datenschutzvorschriften in der EU erreichen, jedoch ermöglicht der Gesetzestext seinen Mitgliedsstaaten weiterhin, spezifische Regeln zu definieren. Dies kann zur Folge haben, dass bei der Datenverarbeitung in zwei oder mehr verschiedenen Ländern der EU auch verschiedene Regelungen gelten. Ein Beispiel ist Art. 35 Abs. 10 DSGVO: Sofern nationale Gesetze Rechtsvorschriften zur Datenschutzfolgeabschätzung regeln, kann für zusätzlich definierte Verarbeitungsvorgänge eine Datenschutzfolgeabschätzung nötig sein (Art. 35 Abs. 10 DSGVO). Führt ein Unternehmen vor den in der DSGVO definierten Verarbeitungstätigkeiten eine Datenschutzfolgeabschätzung durch, kann dies wiederum in einem Mitgliedsstaat nicht ausreichend sein, wenn dieser Staat von der Öffnungsklausel Gebrauch macht.[25]

5.2. Auswirkungen auf die Zusammenarbeit mit Dienstleistern

Die DSGVO hat vor allem im Bereich der Auftragsverarbeitung Auswirkungen auf die Zusammenarbeit mit Dienstleistern. Ein Auftragsverarbeiter wird gemäß DSGVO definiert als „eine natürliche oder juristische Person [...] oder andere Stelle, die personenbezogene Daten im Auftrag des Verantwortlichen verarbeitet" (Art. 4 Abs. 8 DSGVO).

Aus der Definition geht hervor, dass der Verantwortliche auch dann der Verantwortliche bleibt, wenn er einen Auftragsverarbeiter mit der Verarbeitung der Daten beauftragt. Dies gilt beispielsweise bei Webhosting-Dienstleistern, Cloud-Anbietern oder auch bei externen Callcentern. Der Verantwortliche verpflichtet sich gemäß Art. 28 Abs. 1 dazu, nur mit solchen Auftragsverarbeitern zusammen zu arbeiten, die hinreichend Garantien für den Datenschutz bieten können. Außerdem erfolgt die Verarbeitung auf Grundlage eines Verarbeitungsvertrags oder einem anderen Rechtsinstrument der EU (Art. 28 Abs. 3 DSGVO). Der Verantwortliche sollte Wert darauf legen, dass dieser Vertrag seinen Vorstellungen entspricht und dieser auch einer Überprüfung durch die Aufsichtsbehörde standhält. Dazu können gemäß Art. 28 Abs. 8 auch Standardvertragsklauseln ver-

---

[25] Vgl. Bremann, N. (2018)

wendet werden. Bei der Zusammenarbeit mit einem Auftragsverarbeiter in einem Drittland ist neben den Regelungen von Art. 28 DSGVO auch die bereits unter 5.1. dieser Arbeit beschriebene Prüfung auf Rechtmäßigkeit durchzuführen.

5.3.   Auswirkungen auf die Zusammenarbeit mit Kunden

Auf die Zusammenarbeit mit Kunden (aber auch weiteren betroffenen, natürlichen Personen) hat vor allem der Art. 3 DSGVO Auswirkungen. In diesem wird der räumliche Anwendungsbereich der DSGVO beschrieben, der bereits unter 4.2. dieser Arbeit beschrieben wurde. Zusammenfassend für diese Regelung lässt sich feststellen, dass nicht nur EU-Bürger die Betroffenenrechte gemäß DSGVO genießen, sondern auch Bürger aus Drittländern, wenn deren Daten von einem Unternehmen verarbeitet werden, das eine Niederlassung in der EU hat. So könnte beispielsweise ein US-Bürger seine Betroffenenrechte bei einem deutschen Konzern geltend machen, wenn eine EU-Niederlassung die Daten des US-Bürgers verarbeiten würde.

Dieses „Dilemma" könnte ein international tätiger Konzern umgehen, wenn er eine Tochtergesellschaft in den USA (oder anderen betroffenen Drittländern) gründet und die Daten der jeweils dort ansässigen Bürger nur in diesen Töchtern verarbeiten. Liegt die Zentrale des Konzerns jedoch in der EU, würde dies wiederum zu einer komplexen Konstellation führen, da die Konzernmütter häufig auf Daten der Töchter angewiesen sind.

6. ABSCHLUSS UND FAZIT

In vielen Artikeln und Beiträgen in der Literatur werden Statistiken angeführt, wie gut Unternehmen auf die EU-DSGVO vorbereitet waren bzw. wie der aktuelle Stand der Umsetzung ist. Aus diesen Statistiken ist ersichtlich, dass die Umsetzung – unabhängig vom Tätigkeitsgebiet und der Firmengröße – eher schleppend vorangeht und viele Unternehmen die Vorgaben noch nicht umsetzen konnten.

Dementsprechend gefährdet sind Unternehmen für Abmahnungen und ggf. Sanktionen. In Hinblick auf Besonderheiten bei Konzernen bei Sanktionen, also der Zugrundelegung des gesamten Jahresumsatzes im Konzern, ist es besonders zu empfehlen, auf eine Einhaltung der gültigen Rechtsvorschriften zu achten.

Empfehlenswert für Konzerne ist die Einrichtung eines zentralen IT-Dienstleisters und eines zentralen Personaldienstleistes innerhalb der Unternehmensgruppe. So können sämtliche Mitarbeiterdaten durch den Personaldienstleister erhoben und verarbeitet werden und die Speicherung *aller* technischer Daten erfolgt innerhalb der Organisation des IT-Dienstleisters. So treten generell nur zwei Unternehmen als Verantwortliche auf.[26] Dies führt zu einer Reduktion der allein durch den Umfang der EU-DSGVO ohnehin hohen Komplexität im Konzern.

---

[26] Vgl. Berning, W. / Keppeler, L. (2017, S. 1022f.)

LITERATURVERZEICHNIS

Bundesministerium des Innern, für Bau und Heimat (o. J.): Von der Datenschutz-Richtlinie zur Datenschutz-Grundverordnung. In: bmi.bund.de (URL: https://www.bmi.bund.de/DE/themen/it-und-digitalpolitik/datenpolitik/datenschutz-eu/datenschutz-eu-node.html [Letzter Zugriff: 16.12.2019])

Berning, W. / Keppeler, L. (2017): Datenschutz im Konzern. In: HMD Praxis der Wirtschaftsinformatik, Jg. 54, Heft 6, Seite 1021 - 1037

Berwanger, J. et. al. (2018): Konzern. Definition. In: Gabler Wirtschaftslexikon (URL: https://wirtschaftslexikon.gabler.de/definition/konzern-40088/version-263482 [Letzter Zugriff: 13.12.2019])

Bremann, N. (2018): Öffnungsklauseln der DSGVO. Welche Gesetze gehen vor? In: d.velop blog (URL: https://www.d-velop.de/blog/compliance/oeffnungsklauseln-dsgvo-welche-gesetze-gehen-vor/ [Letzter Zugriff: 18.12.2019])

Datenschutz.org (2018): EU-Datenschutzrichtlinie (Richtlinie 95/46/EG) – Alte Rechtsgrundlage. In: datenschutz.org (URL: https://www.datenschutz.org/eu-datenschutzrichtlinie/ [Letzter Zugriff: 13.12.2019)]

Dr. Datenschutz (2017): Das Konzernprivileg. Änderungen durch die DSGVO? In: Datenschutzbeauftragter-info.de (URL: https://www.datenschutzbeauftragter-info.de/das-konzernprivileg-aenderungen-durch-die-dsgvo/ [Letzter Zugriff: 16.12.2019])

EUR-Lex (o. J.): Informationen zum Dokument 32016R0679. In: EUR-Lex. Der Zugang zum EU-Recht (URL: https://eur-lex.europa.eu/legal-content/DE/ALL/?uri=CELEX:32016R0679 [Letzter Zugriff: 13.12.2019])

Europäische Kommission (o. J.): Arten von EU-Rechtsvorschriften (URL: https://ec.europa.eu/info/law/law-making-process/types-eu-law_de [Letzter Zugriff: 16.12.2019])

Firma.de (2019): Was ist ein Konzern? Definition und Beispiele. In: Firma.de (URL: https://www.firma.de/firmengruendung/was-ist-ein-konzern-definition-und-beispiele/ [Letzter Zugriff: 13.12.2019])

InterSoft Consulting (o. J.): DSGVO. Bußgelder/Strafen. In: dsgvo-gesetz.de (URL: https://dsgvo-gesetz.de/themen/bussgelder-strafen/ [Letzter Zugriff: 16.12.2019])

JuraForum.de (o. J.): EU-Verordnung. Definition, Erläuterung und andere Rechtsakte der EU (URL: https://www.juraforum.de/lexikon/eu-verordnung [Letzter Zugriff: 16.12.2019])

Kranig, T./Ehman, E. (2017) Erste Hilfe zur Datenschutz-Grundverordnung. Das Sofortmaßnahmen-Paket, 1. Auflage, Verlag C.H. Beck, München (ISBN 978-3-406-71662-1)

Holland, M. (2018): DSGVO. US-Nachrichtenseiten sperren Europäer aus. In: heise.de (URL: https://www.heise.de/newsticker/meldung/DSGVO-US-Nachrichtenseiten-sperren-Europaeer-aus-4058457.html [Letzter Zugriff: 12.12.2019)]

Mester, B. (2017): Auswirkungen der DSGVO auf die IT. In: Wirtschaftsinformatik & Management, Jg. 4/2017, S. 12 - 14

Rieß, J. (2019): Innovationen der DSGVO in der Praxis. Organisation des Datenschutzes in Unternehmen. In: DuD – Datenschutz und Datensicherheit, Jg. 8/2019, S. 498 - 501

Schmidt, J. (2018): I+f. Das DSGVO-Absurditätenkabinett. In: heise.de (URL: https://www.heise.de/security/meldung/I-f-Das-DSGVO-Absurditaetenkabinett-4057866.html [Letzter Zugriff: 11.12.2019])

Schröder, C. et. al. (2018): Stolpersteine der DSGVO für multinationale Unternehmen. In: DuD – Datenschutz und Datensicherheit, Jg. 12/2018, Seite 746 - 752

Suhling, P. (2019): Eine Retrospektive auf den Datenschutz seit Einführung der EU-DSGVO. In: Wirtschaftsinformatik & Management, Jg. 1/2019, S. 35 - 36

Utz, T. et. al. (2019): Die DSGVO als internationales Vorbild? Erste Forschungsergebnisse zu Grundprinzipien der DSGVO und Gedanken zu ihrer Umsetzbarkeit. In: DuD – Datenschutz und Datensicherheit, Jg. 11/2019, S. 700 – 705

Voigt, P. / Bussche, A. (2018): EU-Datenschutzgrundverordnung (DSGVO). Praktikerhandbuch, Springer Verlag, Berlin (ISBN: 978-3-662-56186-7)

Weck, A. (2013): Google Trends: Die angesagtesten Suchanfragen jetzt auch in Deutschland, (URL: https://t3n.de/news/google-trends-deutschland-470603/ [letzter Zugriff: 08.12.2019])

Weichert, T. (2018): Datenschutz. In: Voigt, R. (Hrsg.): Handbuch Staat. Springer Verlag, Wiesbaden (ISBN: 978-3-658-20744-1), S. 1375 – 1385

Winter, E. (2018): Präambel. Definition. In: Gabler Wirtschaftslexikon (URL: https://wirtschaftslexikon.gabler.de/definition/praeambel-46052/version-324029 [Letzter Zugriff: 15.12.2019])

BEI GRIN MACHT SICH IHR WISSEN BEZAHLT

- Wir veröffentlichen Ihre Hausarbeit,
  Bachelor- und Masterarbeit

- Ihr eigenes eBook und Buch -
  weltweit in allen wichtigen Shops

- Verdienen Sie an jedem Verkauf

**Jetzt bei www.GRIN.com hochladen
und kostenlos publizieren**